BEI GRIN MACHT SICH IHR WISSEN BEZAHLT

- Wir veröffentlichen Ihre Hausarbeit, Bachelor- und Masterarbeit

- Ihr eigenes eBook und Buch - weltweit in allen wichtigen Shops

- Verdienen Sie an jedem Verkauf

Jetzt bei www.GRIN.com hochladen und kostenlos publizieren

Bibliografische Information der Deutschen Nationalbibliothek:

Die Deutsche Bibliothek verzeichnet diese Publikation in der Deutschen National-
bibliografie; detaillierte bibliografische Daten sind im Internet über http://dnb.d-
nb.de/ abrufbar.

Impressum:

Copyright © 2018 GRIN Verlag
Druck und Bindung: Books on Demand GmbH, Norderstedt Germany
ISBN: 9783668828599

Dieses Buch bei GRIN:

https://www.grin.com/document/444462

Lea Decker

Eine kritische Auseinandersetzung mit dem Gesundheits-system der USA unter Barack Obama

GRIN Verlag

„Obamacare ist Teufelswerk[...]" (Uwe Schmitt, welt.de, 2013)
Eine kritische Auseinandersetzung
mit dem Gesundheitssystem der USA

erarbeitet von Lea Decker

im LK Sozialwissenschaften

der Jahrgangsstufe Q.1

Abgabedatum: 28. Februar 2018

Inhaltsverzeichnis

1.1]-„Obamacare ist Teufelswerk [...]" *(Schmitt, Uwe: Obamacare ist Teufelswerk- und*

absoluter Renner in: www.welt.de*, veröffentlicht am 06.10.2013, letzter Zugriff am:)*

-Eine kritische Auseinandersetzung mit dem Gesundheitssystem der USA-

Bereits seit einiger Zeit steht die Gesundheitsreform des ehemaligen Präsidenten der Vereinigten Staaten von Amerika, Barack Obama, in großer Kritik. Der *Patient Protection And Affordable Care Act,* welcher vielen vermutlich eher unter dem Namen „Obamacare" bekannt ist, wird vor allem von republikanischer Seite scharf kritisiert. Besonders der amtierende Präsident Donald Trump übte während seines Wahlkampfes viel Kritik am *Patient Protection And Affordable Care Act* und kündigte eine Abschaffung des Systems an. Doch nicht nur die Republikaner kritisieren den „PPACA"- die Kritik stammt aus vielen Ecken. Ob diese denn gerechtfertigt ist, wird sich am Ende der vorliegenden Facharbeit klären.

Zunächst folgt eine Betrachtung des Gesundheitssystems vor der Reform durch Barack Obama. Dabei wird durch die Darstellung der einzelnen Komponenten und Institutionen ein grundlegendes Verständnis geschaffen. Es wird auch der Punkt *health insurance,* also die Krankenversicherung, angesprochen und erläutert. Nach der rückblickenden Betrachtung des Gesundheitssystems vor der Reform erfolgt eine Erläuterung des Anlasses sowie der wichtigsten Änderungen und Errungenschaften durch den Erlass des „Patient Protection And Affordable Care Act[s]". Da der „PPACA" seit geraumer Zeit fast durchgehend unter Kritik steht, ist diese ebenfalls ein Thema in der vorliegenden Facharbeit. Der „PPACA" wird beispielsweise aufgrund der Änderungen am Versicherungssystem sowie wegen diversen Problemen bezüglich des Online-Marktplatzes für Versicherungen kritisiert. Allerdings spielt hierbei ein soziologischer bzw. ideologischer Faktor, welcher für die Ablehnung des „PPACA" bei vielen (republikanischen) Bürgern verantwortlich ist, ebenfalls eine große Rolle. Nach Betrachtung der Kritik folgt eine erneute Betrachtung der Auswirkungen des „PPACA[s]", um zu überprüfen, ob die Kritik tatsächlich gerechtfertigt ist. Schließlich erfolgt ein eigenes Fazit bezüglich des Themas.

Anlass zum Verfassen der vorliegenden Facharbeit über Obamacare" ist ein persönliches Interesse am US- Amerikanischen Gesundheitssystem, welches durch die häufige Thematisierung während den amerikanischen Wahlkampfdebatten in den Jahren 2016/

2017, sowie einem allgemeinen Interesse an aktueller Gesundheitspolitik, entstanden ist. Das Gesundheitssystem, vor allem die Krankenversicherung, ist außerdem ein Thema, welches (z.b. aufgrund der vergleichsweise hohen Kosten) nicht nur innerhalb der USA, sondern auch weltweit diskutiert wird und während des Wahlkampfes ebenfalls eine große Rolle bei den Debatten spielte.

(*Anmerkung: //1- In der vorliegenden Facharbeit wird aus Aufwandsgründen nur die männliche Form bei personenbezogenen Substantiven verwendet. Natürlich sind alle Geschlechter bzw. „gender identities" damit gemeint! // 2- An manchen Stellen wird der „Patient Protection and Affordable Care Act mit der Abkürzung „PPACA" bzw. als „Obamcare" bezeichnet!)

2.1- Das Amerikanische Gesundheitssystem vor der Einführung des „Patient Protection And Affordable Care Act[s]" durch Barack Obama

Dieser Abschnitt der Facharbeit wird sich mit dem US- Amerikanischen Gesundheitssystem vor der Einführung des „Patient Protection And Affordable Care Acts" im Jahre 2010 beschäftigen. Die hier hauptsächlich, aber nicht ausschließlich verwendete Quelle stammt aus dem Jahre 2007 (Jonas, Steven: An Introduction to the US health care system / Steven Jonas et al. - 6th ed; New York: Springer Publishing, 2007), allerdings ist diese auch für fast alle anderen Jahre vor der Reform aussagekräftig, da es kaum ausschlaggebende Änderungen am damaligen System gab.

Zunächst werden die einzelnen Komponenten des Gesundheitssystems betrachtet, um für ein generelles Verständnis zu sorgen. Wie die meisten Gesundheitssysteme besteht das US- Amerikanische Gesundheitssystem aus *5 grundlegenden Komponenten[1]:*

- *1- „Health Care Workforce"- Arbeitskräfte im Gesundheitswesen*

Im Jahre 2004 arbeiteten etwa 13.8 mil. Menschen in der Gesundheitsbranche[2]. Dazu zählen einerseits die Personen, die einer ärztlichen, therapeutischen oder auch pflegerischen Tätigkeit nachgehen.[3]

---

1 Jonas, Steven/ Goldsteen,Karen & Raymond : An Introduction to the U.S. Health care system/ Steven Jonas, Karen Goldsteen ,Raymond Goldsteen. - 6th. Ed. New York: Springer Publishing, 2007. S.8
2 NCHS, 2005, Table 104, zitiert nach Steve, Jonas et al.: An Introduction to the U.S. Health care system, 2007. S. 10
3 Jonas, Steven et. al: An Introduction to the U.S. Health Care System.2007. S.10

- ## 2- „Health Care Facilities"- Einrichtungen im Gesundheitssystem

Bei den *Health Care Facilities* im Gesundheitssystem unterscheide man zwischen ambulanten und stationären Einrichtungen, welche entweder staatlich oder privat betrieben werden können. Die größte und meist genutzte Gruppe bilden die Krankenhäuser, die staatlich betrieben und als *community hospitals* bezeichnet werden. Daneben existieren ebenfalls Altenheime und ähnliche Einrichtungen, sowie die ambulante Patientenversorgung.[4]

3- „Suppliers of Therapeutics"- Lieferanten und Hersteller der Güter für Therapiemaßnahmen

Für die Durchführung der verschieden Therapiemaßnahmen benötigen die Einrichtungen im Gesundheitssystem die richtigen Güter , welche von einer Vielzahl von Firmen, die auf die Ausstattung von medizinischen Einrichtungen spezialisiert sind, produziert und angeboten werden, wie Jonas et.al. in ihrem Buch darstellen. Dazu zähle u.a. auch die Pharmaindustrie.[5]

- ## 4- „The Production of Health Care Workforce and Knowledge"- Ausbildung der Arbeitskräfte im Gesundheitswesen und Wissen bzw. Weiterbildung

Laut Jonas et al. ist das sogenannte *health sciences education system* ist für die Ausbildung des medizinische Personals in den verschiedensten Sparten zuständig. Aufgrund der ständig neuen Erkenntnisse durch wissenschaftliche Forschung, sei neben der Aus- noch eine stetige Weiterbildung der Arbeitskräfte in diversen Bereichen essentiell wichtig.[6]

- ## 5- „Health Care Financing"- Finanzierung des Gesundheitswesens

In den Bereich *Health Care Financing* fallen Kosten verschiedenster Art, wie zum Beispiel Versicherungskosten, auf welche im folgendem Abschnitt nochmal einzeln eingegangen wird[7]. Im Jahre 2003 ergaben diese Kosten laut dem US Census Bureau eine Summe von ca. 1.679 Trillionen $, was ca. 15.3% des damaligen Bruttoinlandsproduktes ausmachte[8]. Generell seien die *Health Care*- Kosten in den USA deutlich höher als in anderen Nationen[9].

---

4 Jonas, Steven et. al: An Introduction to the U.S. Health Care System. S.10
5 Jonas, Steven et al.: An Introduction to the U.S. health care system. S.10 f.
6 Jonas, Steven et al.: An Introduction to the U.S. health care system. S. 11
7 Jonas, Steven et al.: An Introduction to the U.S. Health care system.S
8 U.S Census Bureau, 2005, Tables 118, 119, zitiert nach Jonas, Steven et al.: An Introduction to the U.S. health care system. S.11
9 Trivedi, Aman: *Overview of Health Care Financing* in www.msdmanuals.com,Veröffentlichungsdatum nicht auffindbar; http://www.msdmanuals.com/home/fundamentals/financial-issues-in-health-care/overview-of-health-care-financing, letzter Zugriff am 25.01.2018, 20:2

2.2- „Health Insurance"- Die Krankenversicherung der USA (vor dem „PPACA")

Bezüglich der Krankenversicherungen unterscheide man zwischen privaten und staatlichen Versicherungen bzw. Versicherungsprogrammen. In den USA seien größtenteils die Arbeitgeber für die Kosten der Krankenversicherung ihrer Angestellten zuständig. Circa 154 Millionen Amerikaner sind durch die Unternehmen, in dem sie angestellt sind, (meist sogar privat) versichert. Neben den privaten Versicherungen gäbe es noch die staatlichen Programme mit den Namen *Medicare* und *Medicaid*. *Medicare* sei die Versicherung für US- Amerikanische Bürger, welche mindestens das Renteneintrittsalter von ca. 65 Jahren erreicht haben und somit nicht mehr durch den Arbeitgeber versichert wären. *Medicaid* richte sich wiederum an sehr einkommensschwache US- Bürger und solle dafür sorgen, dass diese zumindest von den Grundlagen der Krankenversicherung profitieren. Neben den privat bzw. staatlich versicherten Bürger, existiert laut „Heartbeat Med"- CEO Yannik Schreckenberger noch eine Gruppe der Selbstzahler. Diese Bürger kommen, wie der Name bereits vermuten lässt, selbst für die Kosten der in Anspruch genommenen medizinischen Leistungen auf. [10] (Beispielstatistik aus 2012: Abb. 1)

Wenn man einen Blick auf die jährlichen Versicherungskosten pro Einwohner ($ 9.892)[11]wie zum Beispiel aus dem Jahre 2016 wirft, kann man erkennen, dass die Kosten (→ vor allem die, die trotz Versicherung selbst, also *out of pocket,* gezahlt werden müssen; *eigene Anmerkung durch Vorwissen*) im Vergleich zu anderen Ländern sehr hoch sind. Das läge einerseits an den deutlich höheren Verwaltungskosten, aber auch an dem Verlangen der Amerikaner nach den neusten Innovation im medizinischen Bereich sowie diversen anderen Gründen[12].

10Schreckenberger, Yannik: *Wie funktioniert das US- Amerikanische Gesundheitssystem?,* www.heartbeat-med.de, veröffentlich am: 23. Februar 2017, https://heartbeat-med.de/das-us-amerikanische-gesundheitssystem-im-ueberblick/ , letzter Zugriff am 29.01.2018 um 18.17 Uhr
11Watson, Kathryn: *Why is health care so expensive in the first place?,* www.cbsnews.com, veröffentlicht und zuletzt editiert am 5. Juli 2017 um 05.18 Uhr, https://www.cbsnews.com/news/why-is-health-care-so-expensive-in-the-first-place/ ,letzter Zugriff am 01.02.2018 um 15:30
12Watson, Kathryn: *Why is health care so expensive in the first place?,* www.cbsnews.com, veröffentlicht und zuletzt editiert am 5. Juli 2017 um 05.18 Uhr, letzter Zugriff am 01.02.2018

3.1- Der „Patient Protection And Affordable Care Act" - Barack Obama reformiert das Gesundheitssystem der USA

Der „Patient Protection and Affordable Care Act" ist wohl eine der größten und wichtigsten Errungenschaften Barack Obamas, jedoch auch gleichzeitig eine der umstrittensten und am meisten kritisierten. Zunächst wird sich dieses Kapitel mit der Frage nach dem Anlass Barack Obamas, das US- Amerikanische Gesundheitssystem zu reformieren, beschäftigen. Nach der Betrachtung des Anlasses erfolgt eine Erläuterung der *wichtigsten* Veränderungen, welche die Gesundheitsreform mit sich brachte sowie eine der Betrachtung erster Auswirkung des „PPACA[s]".

In der Zeit vor der Einführung bzw. des Inkrafttretens des „Patient Protection and Affordable Care Act[s] am 01. Oktober 2013, war es in den *Vereinigten Staaten von Amerika* keine Pflicht, eine Krankenversicherung abzuschließen. Der Anlass sowie das Ziel der Einführung des „PPACAs[s]" waren , dass alle US- Amerikanischen Bürger eine verpflichtende Krankenversicherung, die ihnen eine ausreichende und qualitative medizinische Betreuung gewährleistet, besitzen und auch von dieser profitieren[13]. Diese Pflicht gelte nicht nur für die Bürger selbst, sondern auch für deren Arbeitgeber. Diese seien seit der Einführung des „PPACA[s]"dazu verpflichtet, jedem ihrer Mitarbeiter ein Angebot für eine Krankenversicherung zur Verfügung zu stellen. Dies gelte allerdings nur für Unternehmen und Arbeitgeber, welche mindestens 50 Vollzeitmitarbeiter beschäftigen. Bei einem Verstoß gegen diese Regeln müsse der Unternehmen bzw. Arbeitgeber mit strafrechtlichen Konsequenzen rechnen. Den Arbeitnehmern sei es jedoch selbst überlassen, ob sie das Angebot ihres Arbeitgebers annehmen oder nicht. Durch das nicht-Annehmen des Angebotes entfalle allerdings nicht die allgemeine Versicherungspflicht, die durch „Obamacare" eingeführt worden ist. Der Bürger bzw. Arbeitnehmer müsse sich folglich selbst um eine Krankenversicherung kümmern.[14]

---

13 Vgl Ungenannter Autor/ comovo.de:„*Obama Care" – Die US-Gesundheitsreform* in www.comovo.de (Vergleichs-/Informationsportal für Versicherungen) ,Veröffentlichungsdatum unbekannt, https://www.covomo.de/magazin/obama-care/, letzter Zugriff am 01.02.2018 um 15:45
14 Vgl.dpa/ Ostee- Zeitung: *Was ist „Obamacare"* www.ostsee-zeitung.de; veröffentlicht am 23.03.2017 um 12:59, letzte Änderung am selben Tag um 13:12; http://www.ostseezeitung.de/Nachrichten/Politik/Was-ist-Obamacare

Auch für die Versicherungsanbieter wurden durch den „PPACA" neue Regeln und Gesetze eingeführt, an die sich die Anbieter ausnahmslos halten müssen. Den Anbietern der Krankenversicherungen sei es z.b. seit der Einführung von „Obamacare nicht mehr erlaubt, den Bürgern, die an bestimmten Vorerkrankungen leiden, höhere Kosten für ihre Krankenversicherung zu berechnen.[15]

Der „PPACA" fokussiert sich neben den versicherungstechnischen Bereichen auch auf verschiedene soziale und ökonomische Aspekte. Zum Beispiel strebe „Obamacare" eine Verringerung der Versicherungskosten (vor allem der Kosten, die selbst von den Bürgern übernommen werden müssen) an, was speziell für die einkommensschwachen Bürger, die schließlich auch der Versicherungspflicht ausgesetzt sind, durchaus vorteilhaft wäre.[16] Auch die Bürger, welche die *Medicaid* und *Medicare* - Angebote für sich beanspruchen, würden vom „PPACA" profitieren. *Medicaid* solle zum Beispiel endgültig für alle erwachsenen Bürger zugänglich gemacht werden. *Medicare* solle wiederum für Bürger, welche an chronischen Erkrankungen oder Behinderung leiden oder bereits Rentner sind, verbessert werden.[17]

Wie man sehen kann, wurden durch den „PPACA" viele neue Änderungen, welche vor allem zur Verbesserung der sozialen und finanziellen Aspektes des US- Amerikanischen Gesundheitssystem beitragen, eingeführt. Um ein Überblick über die Auswirkungen der Änderungen zu erhalten, folgt nun eine Betrachtung statistischer Daten sowie ein Vergleich dieser mit den alten Daten aus den vorherigen Jahren.

Die erste Statistik[18] (s. Anhang → Abb. 2) bezieht sich auf auf die Jahre 2010 bis 2014 (bzw. auf die einzelnen Daten der Jahre 2010, 2012 und 2014) und stellt jeweils die Anzahl der Erwachsenen, die nicht krankenversichert waren, Probleme mit der Zahlung der Kosten hatten oder aufgrund finanzieller Probleme Arzttermine nicht wahrnehmen konnten oder verschieben mussten, dar.

15Vgl Ungenannter Autor: *What is Obamacare?/ What is the Affordable Care Act and what does it mean for American health care?*, www.obamacarefacts.com, Veröffentlichungsdatum unbekannt, https://obamacarefacts.com/whatis-obamacare/, letzter Zugriff am 05.02.2017 um 20:52

16 Ungenannter Autor: *What is Obamacare?/ What is the Affordable Care Act and what does it mean for America?*, letzter Zugriff: 05.02.2017, 21:00

17 Vgl. Ungenannter Autor: *What is Obamacare?/ What is the Affordable Care Act and what does it mean for America?*, letzter Zugriff: 05.02.2017, 21:03

18 Vgl. Unbekannter Autor: Auswirkung der US-Krankenversicherung Obamacare seit Einschreibungsfrist (2013) in den Jahren 2010 bis 2014 (Erwachsene in Millionen), www.statista.com, Veröffentlichungsdatum unbekannt, https://de.statista.com/statistik/daten/studie/424863/umfrage/auswirkung-der-us-krankenversicherung-obamacare-seit-einschreibungsfrist/, letzter Zugriff: 13.02.2018, 10:00

Im Jahre 2010 waren ca. 37% und im Jahre 2012 ca. 36% aller erwachsenen US-amerikanischen Bürger nicht (ausreichend) krankenversichert. 75% (2010) bzw. 73% (2012) der Bürger hatten Schwierigkeiten bei der Begleichung der medizinischen Rechnung aufgrund der hohen Kosten bzw. der eigenen finanziellen Situation. 75% (2010) bzw. 80% (2012) der erwachsenen Bürger mussten Termine bei Ärzten oder in anderen medizinischen Einrichtungen aus finanziellen Gründen verschieben. Ein Jahr (bzw. 2014) nach der Einführung der Versicherungspflicht durch den „PPACA" im Jahre 2013 sind diese Prozentzahlen bereits etwas gesunken. Im Jahre 2014 besaßen ca. 29% der erwachsenen US- Bürger keine („vollständige" bzw. private) Krankenversicherung und 64% hatten Schwierigkeiten beim Begleichen ihrer Rechnungen bezüglich der Krankenversicherung. Vor allem hat sich aber die Zahl der Bürger, die aufgrund finanzieller Schwierigkeiten Arzttermine verschieben mussten, deutlich verringert. Diese betrug im Jahr 2014 ca. 66% .[19]

Wie man sehen kann, haben sich die Prozentzahlen innerhalb eines relativ kurzen Zeitrahmens* (*Obamacare ist erst 2013 in Kraft getreten) bereits um einiges verringert, was eigentlich für einen Erfolg des „Patient Protection and Affordable Care Act" spräche.

Aktuellere Zahlen zeigen ebenfalls einige Erfolge auf. Im Jahre 2016 besaßen ca. 69.11% der Bürger eine private Versicherung und ca. 20% nahmen staatliche Angebote in Anspruch. Knapp 11.9% der neu dazugekommenen Versicherungen seien über den durch „Obamacare" eingerichteten Marktplatz für Versicherungsangebote vermittelt worden.[20]

Dass sich immer mehr Menschen versichern lassen und diese Versicherungen auch größtenteils bezahlen können zeigt, dass die Hauptziele, die Kostenverringerung sowie die Einführung der Versicherungspflicht, bereits teilweise erreicht worden sind und man den „PPACA" theoretisch als erfolgreich einstufen könnte.

---

19 Vgl.Unbekannter Autor: Auswirkung der US-Krankenversicherung Obamacare seit Einschreibungsfrist (2013) in den Jahren 2010 bis 2014 (Erwachsene in Millionen), www.statista.com, Veröffentlichungsdatum unbekannt, https://de.statista.com/statistik/daten/studie/424863/umfrage/auswirkung-der-us-krankenversicherung-obamacare-seit-einschreibungsfrist/, letzter Zugriff: 13.02.2018, 10:00
20 Vgl. Bakalar, Nicholas: Take A Number- Nearly 20 Million have gained health insurance since 2010 www.nytimes.com, veröffentlicht am 22. Mai 2017, https://www.nytimes.com/2017/05/22/health/obamacare-health-insurance-numbers-nchs.html, letzter Zugriff: 13.02.2018, 12:04

Allerdings wird bereits seit geraumer Zeit große Kritik am „Patient Protection and Affordable Care Act" geübt. Es ist auffällig, dass diese größtenteils von republikanischer Seite stammt, was man auch z.b. bei den Debatten während der letzten Präsidentschaftswahl deutlich bemerken konnte. Der nächste Abschnitt der vorliegenden Facharbeit wird sich im Detail mit der Kritik am Patient Protection and Affordable Care beschäftigen.

3.2- „Obamacare ist Teufelswerk [...]" (Uwe Schmitt, 2013, www.welt.de)
- Kritik und Probleme bezüglich des „PPACA[s]" -

Bezüglich des Patient Protection and Affordable Care Act[s] existiert eine Vielzahl an unterschiedlichen Meinungen. Eine große Anzahl der Bürger profitiert zwar von „Obamacare", allerdings gibt es bereits seit der Einführung des „PPACAs" ebenfalls viele Kritiker, welche dem System zahlreiche negative Aspekte zuschreiben.

Der erste, oft erwähnte Kritikpunkt bezieht sich auf den Bereich der Steuern. Durch die Einführung von „Obamacare" wurde, wie bereits erwähnt, eine allgemein gültige Versicherungspflicht erlassen. Wenn sich ein Bürger also nicht versichern ließe, müsse dieser mit rechtlichen und/ oder finanziellen Konsequenzen rechnen. Zu diesen Konsequenzen zählen laut Kimberly Amadeo unter anderem auch Steuererhöhungen, welche dazu dienen sollen, dass der Bürger nun doch die Entscheidung trifft, sich versichern zu lassen. Wie man bereits vermuten kann, kam dieses Abkommen nicht gut bei Teilen der unversicherten Bevölkerung an. Tatsächlich sei das Vorhaben, die Bürger durch Steuererhöhungen zum Erwerb einer Krankenversicherung zu bringen, zu einem bestimmten Grad gescheitert. Ungefähr 4.000.000 Bürger hätten sich dazu entschieden, weiterhin erhöhte Steuern zu zahlen anstatt sich versichern zu lassen. Schätzungsweise sei durch diese „Strafsteuer" eine sehr hohe Summe von ungefähr 54 Milliarden Dollar generiert worden[21] , was definitiv nicht als zielführend einzustufen ist.

Allerdings waren nicht nur diese Kosten ein Ärgernis. Vor allem waren es dieArbeitgeber, welche die neuen, durch Obamacare eingeführten Vorschriften, stark

---

21 Vgl. Amadeo, Kimberly: *10 Obamacare Pros and Cons- Is Obamacare worth it?* , www.thebalance.com, letzte Aktualisierung am 20. Oktober 2017 , https://www.thebalance.com/obamacare-pros-and-cons 3306059, letzter Zugriff am 13.02.2018 um 16:18

kritisierten. Im vorherigen Kapitel wurde ja bereits geklärt, dass Unternehmen welche mindestens 50 Vollzeitarbeiter beschäftigen, für die private Krankenversicherung dieser aufkommen (oder dies zumindest anbieten) müssen[22]. Vor Obamacare konnten sich die Unternehmen noch entscheiden, ob sie dies tun wollte. Laut Yannik Schreckenberger haben diese Kosten jedoch bereits vor der Einführung des „PPACA" bei vielen Unternehmen zu sehr hohen Summen geführt,[23] wie zum Beispiel bei der Firma *General Motors,* welche bereits im Jahre 2005 darüber klagte, dass die Versicherungsausgaben für die Mitarbeiter, die Produktionskosten der hergestellten Güter übersteigen würden.[24]

Dadurch dass zu dem Zeitpunkt noch keine Versicherungspflicht bestand[25], kann man daraus schlussfolgern, dass damals evtl. nicht alle Mitarbeiter in verschiedenen Firmen ein Versicherungsangebot erhalten haben. Durch die Einführung der Angebotspflicht für die Unternehmen (mit mind. 50 Vollzeitarbeitern) hat jedoch nun jeder der Mitarbeiter das Recht auf eine private Krankenversicherung durch den Arbeitgeber[26], was für die Unternehmen zu noch höheren Kosten als in den vorherigen Jahren führen kann. Die meisten Unternehmen können vermutlich mit hoher Wahrscheinlichkeit für diese Kosten aufkommen, allerdings würde dies auch gleichzeitig weniger Gewinn bedeuten, was wahrscheinlich zu Ärgernissen und zu einer Ablehnung des Systems bei vielen Unternehmern führen kann.

Neben steuerlichen und versicherungstechnischen Angelegenheit gibt es allerdings auch Probleme, welche die Bürger, die sich für den Abschluss einer Krankenversicherung interessieren, direkt betreffen. Diese Probleme hatten folglich auch negative Auswirkungen auf die Ziele der Regierung, wie z.B. das folgende Beispiel.

Ein sehr stark kritisiertes Anliegen sei die zur Zeiten der Einführung von Obamacare teilweise funktionsunfähige Website mit dem Titel www.HealthCare.gov, welche als eine Art Online- Marktplatz für Krankenversicherungen sowie als Informationsportal

---

22 Vgl.dpa/ Ostee- Zeitung: *Was ist „Obamacare"* www.ostsee-zeitung.de; veröffentlicht am 23.03.2017 um 12:59, letzte Änderung am selben Tag um 13:12;
23 Vgl. Schreckenberger, Yannik: *Wie funktioniert das US- Amerikanische Gesundheitssystem?,* www.heartbeat-med.de, veröffentlich am: 23. Februar 2017
24 Vgl. Washington Post 2005, zitiert nach Schreckenberger, Yannik: *Wie funktioniert das US- Amerikanische Gesundheitssystem?,* www.heartbeat-med.de, veröffentlich am: 23. Februar 2017
25 Vgl.Ungenannter Autor: *Was ist „Obamacare",* www.ostsee-zeitung.de; veröffentlicht am 23.03.2017 um 12:59, letzte Änderung am selben Tag um 13:12; http://www.ostseezeitung.de/Nachrichten/Politik/Was-ist-Obamacare
26 Vgl. dpa/ Ostseezeitung : *Was ist „Obamacare",* www.ostsee-zeitung.de; veröffentlicht am 23.03.2017 um 12:59, letzte Änderung am selben Tag um 13:12,

über den „PPACA" fungieren sollte[27]. Durch schwerwiegende technische Probleme sei es für hunderttausende von interessierten Bürgen aus 36 Bundesstaaten, für die der Marktplatz speziell eingerichtet worden ist, teilweise mehrere Tage nicht möglich gewesen, die Website zu besuchen und somit auch keine Krankenversicherung abzuschließen. Durch den verweigerten Zugang zur Website konnten z.B. vom 01. Oktober bis zum 02 November 2013 nur ungefähr 27.000 Versicherungen abgeschlossen werden. In der selben Zeit seien in den restlichen 14 Staaten, die bereits im Besitz eines Marktplatzes oder eines vergleichbaren Systems waren und somit nicht auf www.HealthCare.gov zurückgreifen mussten, ungefähr 79.000 Versicherungen abgeschlossen worden, also deutlich mehr als über den neuen Marktplatz. Zusammengerechnet machten diese Zahlen jedoch nur ca. 1,5% der angestrebten Ziels aus. Dieses lautete, dass bis Ende März 2014 ungefähr 7 Millionen neue Versicherungen abgeschlossen werden sollten.[28]

Die Schwierigkeiten führten dazu, dass der „PPACA" bereits zu Beginn der Reform in ein schlechtes Licht gerückt worden ist, was sich schlussendlich kontraproduktiv auf die Einstellung der Bürger gegenüber des Systems ausgewirkt hat und für großes Unverständnis sorgte. Auch die Zustimmung der Bürger für Obamacare und sogar für den Präsidenten selben ließe durch dieses und viele andere Problemen deutlich nach. Am Anfang des Jahres 2013 stimmten in einer repräsentativen Umfrage ca. 52% der US-Amerikanischen Bürger dem Präsidenten zu. Durch die mit der Einführung des „PPACA[s]" auftretenden Probleme verlor Obama allerdings viel Zustimmung. Die vorherigen 52% sanken auf ca. 41.4% bzw. 39% (je nach Umfragedatum).[29]

Doch nicht nur die genannten Beispiele wie die erhöhten Steuern bzw. Ausgaben oder technischen Schwierigkeiten zählen zu den Gründen, die auch noch heute zur Ablehnung des „PPACA[s]" bei einer Vielzahl von amerikanischen Bürgern oder Unternehmern führen. Allerdings ist dies kein rein politischer bzw. technischer Grund, sondern eher ein gesellschaftliches Phänomen, welches auf die Ideologie vieler, oftmals republikanisch eingestellter, Bürger zurückzuführen ist.

Viele Bürger würden den „Patient Protection And Affordable Care Act" grundsätzlich

27 Vgl. Graw, Ansgar: *Obamacare? „Versuchen sie es später wieder!"* in www.welt.de, veröffentlicht am 21.10.2013, https://www.welt.de/politik/ausland/article121092918/Obamacare-Versuchen-Sie-es-spaeter-wieder.html

28 Vgl. Ungenannter Autor: Desaströser Beginn für Obamacare in www.sueddeutsche.de, veröffentlich am 14.November 2013 um 8:24, letzter Zugriff 21.02.2018 um 17:36

29 Vgl. Ungenannter Autor: *Desaströser Beginn für Obamacare* in www.sueddeutsche.de, veröffentlicht am 14. November 2013 um 8:24, letzter Zugriff am 21.02.2018 um 17:45

ablehnen, obwohl ihnen die Vorteile durchaus bekannt seien. Auffällig sei, dass ein Großteil dieser Gruppe aus Bürgern bestünde, welche die republikanische Partei unterstützen. Dies sei auf die Ideologie bzw. die Einstellung der konservativen und libertären Bürger zurückzuführen, welche besagt, dass jeder Amerikaner frei entscheiden könne, wie er sein Leben verbringen bzw. gestalten möchte[30]. Eigenständiges Handeln (*self reliance*) gelte dabei als Voraussetzung für die freie und individuelle Lebensgestaltung, weshalb staatliche Vorschriften oder Eingriffe oftmals komplett abgelehnt werden würden[31]. Bei vielen US- Bürgern bestünde der Glaube, dass sie ihr Leben durch eigene Leistung bzw. „[...]eigene Stärke"[32], also folglich auch ohne Staatseingriffe, finanzieren sowie gestalten müssen[33]. Laut eines Vortrags des ZDF-Moderators Dr. Claus Kleber auf einem internationalen Kongress für Apotheker, lehnen vor allem jüngere Bürger eine gesetzliche Krankenversicherung ab, da diese ihr Geld eher für die Finanzierung ihres zukünftigen Lebens ausgeben möchten. Dazu zählen zum Beispiel der Kauf eines Eigenheims sowie die weitere Aspekte der Zukunftsplanung[34]. Von dieser Seite aus betrachtet, stelle die Versicherungspflicht eine Art Zwang für die Bürger sowie eine Einschränkung der individuellen Lebensplanung und -gestaltung durch die staatlich auferlegte Kosten darstellen.[35]

Man kann erkennen, dass sich Kritik bzw. Ablehnung bezüglich des „Patient Protection And Affordable Care Acts[s]" aus diversen Faktoren zusammensetzt, welche auch teils in Verbindung stehen. Ein gutes Beispiel dafür ist die Angebotspflicht der Unternehmen, wodurch diese mehr Kosten für Versicherungen zahlen müssen. In einigen Betrieben, die über 50 Vollzeitmitarbeiter beschäftigen, könne es zu Entlassungen oder zu Kürzungen der Stundenzahl kommen, was sich wiederum negativ auf die Mitarbeiter auswirken

---

30 Vgl. Rovner, Julie: *Why do people hate Obamacare, anyway?* In www.knh.org (Kaiser Health News), veröffentlicht am 13.Dezember 2017, https://khn.org/news/why-do-people-hate-obamacare-anyway/, letzer Zugriff am 22.02.2018 um 12:24 (s. Fußnote 28)

31 Vgl. Heller, Rachel: *Individual Freedom, Self-Reliance and Renunciation* in: https://rachelsruminations.com, Veröffentlichungsdatum unbekannt, https://rachelsruminations.com/individual-freedom-self-reliance-renunciation/ , letzter Zugriff am 22.02.2018 um 16:02

32 Vgl. Petersen, Jutta: *Warum Amerikaner keine Krankenkasse mögen* in www.aponet.de, veröffentlicht am 06.Februar 2013, https://www.aponet.de/aktuelles/aus-gesellschaft-und-politik/2013-2-warum-amerikaner-keine-krankenkassen-moegen.html, letzter Zugriff am 22.02.2018 um 16:40

33 Vgl. Petersen, Jutta: *Warum Amerikaner keine Krankenkasse mögen* in www.aponet.de, veröffentlicht am 06.Februar 2013, letzter Zugriff am 22.02. um 16:40

34 Vgl. Dr. Claus Kleber, zitiert nach Petersen, Jutta: *Warum Amerikaner keine Krankenkasse mögen* in www.aponet.de, veröffentlicht am 06.Februar 2013, letzter Zugriff am 22.02.2018 um 16:55

35 Vgl.Petersen, Jutta: *Warum Amerikaner keine Krankenkasse mögen* in www.aponet.de, veröffentlicht am 06.Februar 2013, letzter Zugriff am 22.02 um 16:55

würde (z.B. durch Arbeitslosigkeit oder verringerte Einkommen).[36]
Es ist durchaus schwierig einen ausschlaggebenden Kritikpunkt bzw. Grund zu finden,
da einfach zu viele existieren. Ein Teil der Bürger sieht Obamacare als unwillkommenen
Eingriff in ihr privates Leben, andere Bürger stören sich wiederum an erhöhten
Ausgaben oder technischen Problemen. Es entstehen ständig neue Kritikpunkte aus
verschiedensten Positionen heraus.

4.1] Fazit – Ist Obamacare wirklich ein „Teuleswerk"? (U. Schmitt, welt.de, 2013)

Nach dem Lesen der Facharbeit lässt sich nun die Frage stellen, inwiefern die Kritik am
„PPACA" nun gerechtfertigt ist. Es ist deutlich erkennbar, dass es sowohl sehr viele
positive als auch negative Aspekte gibt. Jedoch fällt auf, dass die negativen Aspekte
bzw. die Kritikpunkte meist nur indirekt die Ziele von Obamacare (siehe Kapitel 3.1)
betreffen.

Oftmals sind es persönliche Ansichten/ Ideologien bzw. Unzufriedenheiten, welche zu
Unverständnissen oder sogar zu der Ablehnung des „PPACA[s]" führen.

Um trotzdem ein plausibles Fazit ziehen zu können, ist es hilfreich, aktuelle Statistiken
und (repräsentative) Umfragen zur Hilfe zu nehmen.

Die im Anhang beigefügte Statistik (Abb. 3) zeigt die Entwicklung der Zahl der
unversicherten erwachsenen Bürger in den Jahren 2008 bis 2015. In den Jahren 2008 bis
2013 kann man erkennen, dass die Prozentzahlen im Durchschnitt zwischen 14% und
17% lagen. Im zweiten Quartal des Jahres 2013 lag diese Zahl sogar bei 18%, was
gleichzeitig den höchsten Wert innerhalb dieser Zeitspanne ausmachte. Im ersten Quartal
des Jahres 2014 (nach der Einführung des „PPACA" im Jahre 2013) konnte man
zunächst einen Rückgang von 1% feststellen. Im weiteren Verlauf des ersten und des
zweiten Quartal sanken die Prozentzahlen nochmals stark - von 17% auf 12.9%. Im
Jahre 2015 wurde eine Zahl von 11.4% erreicht - ein vergleichsweise sehr niedriger
Wert.[37] Die Zahl der unversicherten Bürge fiele (vor allem durch die Erweiterung des
staatlichen *Medicare*- Angebotes) auch noch weiterhin, wie eine Grafik (Abb. 4) der
New York Times aus dem

---

36 Vgl. Kaiser, Tina: *Die irrationale Angst vor Obamacare* in www.welt.de, veröffentlicht am:
08.10.2013, https://www.welt.de/wirtschaft/article120707221/Die-irrationale-Angst-der-USA-vor-
Obamacare.html, letzer Zugriff am 22.02.2018 um 17:16
37 Vgl. Unbekannter Autor/ Obamacare Facts: Obamacare Enrollment Numbers in
www.obamacarefacts.com, Veröffentlichungsdatum unbekannt, https://obamacarefacts.com/sign-
ups/obamacare-enrollment-numbers/, letzter Zugriff am 13.02.2018 um 17:03

Jahre 2016 verdeutlichte, in der man auch nochmal besonders die Ablehnung vieler Republikaner bzw. der hauptsächlich republikanisch geprägten Staaten (z.b. Texas) sehen kann. Allerdings leben dort laut Margot Sanger Katz und Quoctrung Bui, zwei Journalisten der New York Times, auch gleichzeitig die meisten Bürger, welche eher wenig(er) verdienen, und somit kein Geld für eine ausreichende Versicherung haben.[38]

Bezüglich des Ziels zur Reduzierung der Zahl der unversicherten Bürger kann man sagen, dass „Obamacare" trotz anfänglicher Startschwierigkeiten und einigen *Verweigerern* zum Großteil als Erfolg eingestuft werden kann.

Es wäre jedoch gerechtfertigt zu behaupten, dass die Versicherung der ärmeren Bevölkerung nicht ganz geglückt ist und deutlich besser hätte laufen können. Jedoch kann man im Allgemeinen sagen, dass sich die Gesamtsituation für Millionen für US-Bürgern ohne Zweifel verbessert hat.

Ein anderer Aspekt des „PPACA[s]" bezog sich auf die allgemeine Kostenverringerung der Versicherungsangebote. Laut Aussagen des Congressional Budget Office im November vergangen Jahres wurde das Haushaltsdefizit der USA für die Jahre 2010 bis 2019 um ca. 143 Milliarden Dollar reduziert, was u.a. auch an der Senkung der Kosten für die grundlegende medizinische Versorgung der unversicherten Bürger läge. Diese wurden letztlich soweit reduziert, dass ca. 95% der US- Bürger Besitzer einer ausreichenden Versicherung werden konnten (bezogen auf private Versicherungen sowie *Medicare* und *Medicaid; *eigene Anmerkung**) (Stand 2017).[39]

Es lässt sich also auch hier ein Erfolg von „Obamacare" feststellen, sogar einer von dem sowohl der Staat als auch die Bürger profitieren. Allerdings könnte man den bereits erwähnten Kritikpunkt bezüglich der ärmeren Bürger auch auf diesen Aspekt beziehen-eine allgemeine Kostenverringerung hätte auch definitiv die einkommensschwachen Bürger mehr betreffen müssen. Allerdings haben sich die Kosten im Allgemeinen stark reduziert, was einerseits einen Vorteil für die unversicherten und gleichzeitig aber auch für die bereits versicherten Bürger darstellt, so Kimberly Amadeo.[40]

---

38 Vgl. Sanger- Katz, Margot und Bui, Quoctrung: The Impact of Obamacare, in Four Maps in www.nytimes.com, veröffentlicht am 31.Oktober 2016, https://www.nytimes.com/interactive/2016/10/31/upshot/up-uninsured-2016.html, letzter Zugriff: 22.02.2018 um 19:21

39 Vgl. Congressional Budget Office, zitiert nach Amadeo, Kimberly: *CBO Report on Obamacare-Costs, Savings and Impact on Economy* in www.thebalance.com, zuletzt editiert am 10. November 2017, https://www.thebalance.com/cbo-report-obamacare-3305627, letzer Zugriff am 23.02.2017 um 16:42

40 Amadeo, Kimberly: *CBO Report on Obamacare- Costs, Savings and Impact on Economy* in www.thebalance.de, zuletzt ediert am 10. November 2017, letzter Zugriff am 23.02.2017 um 16:46

Bezüglich der Ablehnung des „PPACA[s]" aus persönlichen oder ideologischen Gründen kann eigentlich kein Urteil gefällt werden. Die Bürger, die diese Ansichten teilen (s. Kapitel 3.1), sind vermutlich schon seit langer Zeit mit diesem Gedanken konfrontiert. Dieser ist zwar nicht für jeden nachvollziehbar, aber für konservativ eingestellte Bürger wird dieser Gedanke äußerst wahrscheinlich von großer Bedeutung sein. Es ist auch eher unwahrscheinlich, dass in der nächsten Zeit ein plötzlicher Gedankenumschwung stattfinden wird.

Abschließend lässt sich sagen, dass der „Patient Protection and Affordable Care Act" die Situation bezüglich der Krankenversicherung in USA deutlich verbessert hat, was man an diversen Statistiken oder Umfragen sehen kann. Viele Ziele des „PPACA" wurden innerhalb der letzten Jahre zum Großteil erreicht, was äußert erfreulich und profitabel für den Staat sowie für die Bürger ist. Trotzdem muss man sagen, dass Obamacare kein perfektes System ist, da es zum Beispiel trotz starker Kostensenkungen immer noch Menschen gibt, die sich keine Versicherung leisten können (s. Kapitel 3.1). Es gibt durchaus immer noch viele verbesserungswürdige Aspekte, an denen man definitiv weiterhin arbeiten muss.

Nun stellt sich die abschließende Frage, ob Obamacare wirklich als „Teufelwerk" anzusehen ist. Nach genauer Betrachtung der aktuelleren Daten, lässt sich dies zum großen Teil verneinen. Obamacare ist zwar ein System, welches durchaus eine Schwachpunkte aufweist, jedoch auch sehr viele Chancen und Verbesserungen mit sich bringt.

Vor allem aber auch die weiteren Entwicklungen im Bereich des *Healthcare-Systems* werden vermutlich, vor allem unter der Präsidentschaft von Donald Trump, weiterhin durchaus spannend bleiben.

5.1] Abbildungen/ weitere, beigefügte Materialien

a) Abb. 1 – Verteilung der Versicherungsübernahme im Jahre 2012

Quelle d. Bildes: Boston University: http://sphweb.bumc.bu.edu/otlt/MPH-Modules/HPM/AmericanHealthCare_Paying/AmericanHealthCare_Paying_print.html, letzter Zugriff: 22.02.18

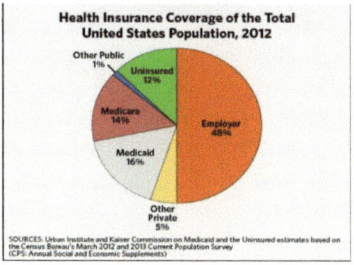

b) Abb.2 – Auswirkung der Gesundheitsreform in den Jahren 2010 bis 2014

Quelle d. Bildes: Unbekannter Autor: Auswirkung der US-Krankenversicherung Obamacare seit Einschreibungsfrist (2013) in den Jahren 2010 bis 2014 (Erwachsene in Millionen),https://de.statista.com/statistik/daten/studie/424863/umfrage/auswirkung-der-us-krankenversicherung-obamacare-seit-einschreibungsfrist/,

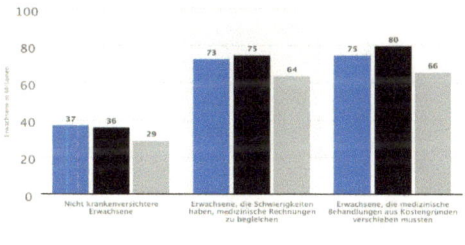

c) Abb. 3) Überblick über den Rückgang der unversicherten Bürger

Quelle d. Bildes: Sanger- Katz, Margot und Bui, Quoctrung: The Impact of Obamacare, in Four Maps, www.nytimes.com, veröffentlicht am 31.Oktober 2016, https://www.nytimes.com/interactive/2016/10/31/upshot/up-uninsured2016.html,

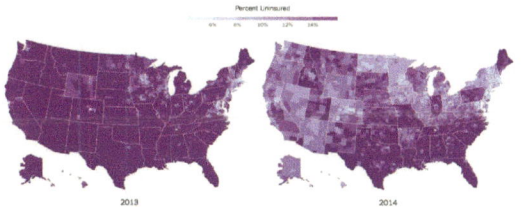

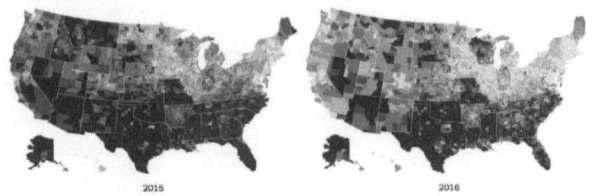

2015   2016

6] Literaturverzeichnis

- Amadeo, Kimberly: CBO Report on Obamacare- Costs, Savings and Impact on Economy in www.thebalance.de, zuletzt ediert am 10. November 2017, letzter Zugriff am 23.02.2017 um 16:46

- Amadeo, Kimberly: 10 Obamacare Pros and Cons- Is Obamacare worth it?, www.thebalance.com, letzte Aktualisierung am 20. Oktober 2017, https://www.thebalance.com/obamacare-pros-and-cons 3306059, letzter Zugriff am 13.02.2018 um 16:18

- Bakalar, Nicholas: Take A Number- Nearly 20 Million have gained health insurance since 2010 www.nytimes.com, veröffentlicht am 22. Mai 2017, https://www.nytimes.com/2017/05/22/health/obamacare-health-insurance-numbers-nchs.html, letzer Zugriff: 13.02.2018, 12:04

- Congressional Budget Office, zitiert nach Amadeo, Kimberly: CBO Report on Obamacare-Costs, Savings and Impact on Economy in www.thebalance.com, zuletzt editiert am 10. November 2017, https://www.thebalance.com/cbo-report-obamacare-3305627, letzter Zugriff am 23.02.2017 um 16:42

- dpa/ Ostee- Zeitung: Was ist „Obamacare" www.ostsee-zeitung.de; veröffentlicht am 23.03.2017 um 12:59, letzte Änderung am selben Tag um 13:12;
- http://www.ostseezeitung.de/Nachrichten/Politik/Was-ist-Obamacare

- Dr. Claus Kleber, zitiert nach Petersen, Jutta: Warum Amerikaner keine Krankenkasse mögen in www.aponet.de, veröffentlicht am 06.Februar 2013, https://www.aponet.de/aktuelles/aus-gesellschaft-und-politik/2013-2-warum-amerikaner-keine-krankenkassen-moegen.html, letzter Zugriff am 22.02.2018 um 16:40 ,letzter Zugriff am 22.02.2018 um 16:55

- Graw, Ansgar: Obamacare? „Versuchen sie es später wieder!" in www.welt.de, veröffentlicht am 21.10.2013, https://www.welt.de/politik/ausland/article121092918/Obamacare-Versuchen-Sie-es-spaeter-wieder.html

- Heller, Rachel: Individual Freedom, Self-Reliance and Renunciation in: https://rachelsruminations.com, Veröffentlichungsdatum unbekannt, https://rachelsruminations.com/individual-freedom-self-reliance-renunciation/ , letzer Zugriff am 22.02.2018 um 16:02

- Jonas, Steven/ Goldsteen,Karen & Raymond : An Introduction to the U.S. Health care system/ Steven Jonas, Karen Goldsteen ,Raymond Goldsteen. - 6th. Ed. New York: Springer Publishing, 2007.

- Kaiser, Tina: Die irrationale Angst vor Obamacare in www.welt.de, veröffentlicht am: 08.10.2013, https://www.welt.de/wirtschaft/article120707221/Die-irrationale-Angst-der-USA-vor-Obamacare.html, letzter Zugriff am 22.02.2018 um 17:

-15+4-

- Petersen, Jutta: Warum Amerikaner keine Krankenkasse mögen in www.aponet.de, veröffentlicht am 06.Februar 2013, https://www.aponet.de/aktuelles/aus-gesellschaft-und-politik/2013-2-warum-amerikaner-keine-krankenkassen-moegen.html, letzter Zugriff am 22.02.2018 um 16:40

- .Rovner, Julie: Why do people hate Obamacare, anyway? In www.knh.org (Kaiser Health News) veröffentlicht am 13.Dezember 2017, https://khn.org/news/why-do-people-hate-obamacare-anyway/, letzer Zugriff am 22.02.2018 um 12:24

- Sanger- Katz, Margot und Bui, Quoctrung: The Impact of Obamacare, in Four Maps in www.nytimes.com, veröffentlicht am 31.Oktober 2016, https://www.nytimes.com/interactive/2016/10/31/upshot/up-uninsured-2016.html, letzter Zugriff: 22.02.2018 um 19:21

- Schreckenberger, Yannik: Wie funktioniert das US- Amerikanische Gesundheitssystem?, www.heartbeat-med.de, veröffentlich am: 23. Februar 2017, https://heartbeat-med.de/das-us-amerikanische-gesundheitssystem-im-ueberblick/ , letzter Zugriff am 29.01.2018 um 18.17 Uhr

- Trivedi, Aman: Overview of Health Care Financing in www.msdmanuals.com,Veröffentlichungsdatum nicht auffindbar; http://www.msdmanuals.com/home/fundamentals/financial-issues-in-health-care/overview-of-health-care-financing, letzter Zugriff am 25.01.2018, 20:2

- Unbekannter Autor: Auswirkung der US-Krankenversicherung Obamacare seit Einschreibungsfrist (2013) in den Jahren 2010 bis 2014 (Erwachsene in Millionen), www.statista.com, Veröffentlichungsdatum unbekannt, https://de.statista.com/statistik/daten/studie/424863/umfrage/auswirkung-der-us-krankenversicherung-obamacare-seit-einschreibungsfrist/, letzter Zugriff: 13.02.2018, 10:00

- Ungenannter Autor/ comovo.de:„Obama Care" – Die US-Gesundheitsreform in www.comovo.de (Vergleichs-/Informationsportal für Versicherungen) ,Veröffentlichungsdatum unbekannt, https://www.covomo.de/magazin/obama-care/, letzter Zugriff am 01.02.2018 um 15:45

- Ungenannter Autor: Desaströser Beginn für Obamacare in www.sueddeutsche.de, veröffentlicht am 14.November 2013 um 8:24, letzter Zugriff am 21.02.2018 um 17:36

- Unbekannter Autor/ Obamacare Facts: Obamacare Enrollment Numbers in www.obamacarefacts.com, Veröffentlichungsdatum unbekannt, https://obamacarefacts.com/sign-ups/obamacare-enrollment-numbers/, letzter Zugriff am 13.02.2018 um 17:03

- Ungenannter Autor: What is Obamacare?/ What is the Affordable Care Act and what does it mean for American health care?, www.obamacarefacts.com, Veröffentlichungsdatum unbekannt, https://obamacarefacts.com/whatis-obamacare/, letzter Zugriff am 05.02.2017 um 20:52

- Washington Post 2005, zitiert nach Schreckenberger, Yannik: Wie funktioniert das US- Amerikanische Gesundheitssystem?, www.heartbeat-med.de, veröffentlich am: 23. Februar 2017

- Watson, Kathryn: Why is health care so expensive in the first place?, www.cbsnews.com, veröffentlicht und zuletzt editiert am 5. Juli 2017 um 05.18 Uhr, https://www.cbsnews.com/news/why-is-health-care-so-expensive-in-the-first-place/ ,letzter Zugriff am 01.02.2018 um 15:30

Weitere verwendete Materialien

- *Abb. 1: Verteilung der Versicherungsübernahme im Jahre 2012*
Quelle d. Bildes: Boston University: http://sphweb.bumc.bu.edu/otlt/MPH-Modules/HPM/AmericanHealthCare_Paying/AmericanHealthCare_Paying_print.html, letzter Zugriff: 23.02.2018 um

- *Abb. 2: Auswirkung der Gesundheitsreform in den Jahren 2010 bis 2014*
Quelle d. Bildes: Unbekannter Autor:
Auswirkung der US-Krankenversicherung Obamacare seit Einschreibungsfrist (2013) in den Jahren 2010 bis 2014 (Erwachsene in Millionen),https://de.statista.com/statistik/daten/studie/424863/umfrage/aus wirkung-der-us-krankenversicherung-obamacare-seit-einschreibungsfrist/, letzter Zugriff am 27.02.2018 um 16:42

- *Abb.3: Überblick über den Rückgang der unversicherten Bürger bis 2016*
Quelle d. Bildes: Sanger- Katz, Margot und Bui, Quoctrung:
The Impact of Obamacare, in Four Maps, www.nytimes.com, veröffentlicht am 31.Oktober 2016, https://www.nytimes.com/interactive/2016/10/31/upshot/up-uninsured-2016.html, letzter Zugriff am 22.02.2018 um 19:21